AF243567

L'ÉTAT

DE LA

QUESTION SOCIALE

EN 1871.

PAR

M. DECOUS DE LAPEYRIÈRE

Ancien Procureur général.

PRIX : 1 FRANC.

E. LACHAUD, éditeur.

A Paris, place du Théâtre-Français, 4.

1871.

L'ÉTAT

DE LA

QUESTION SOCIALE

EN 1871.

PAR

M. DECOUS DE LAPEYRIÈRE

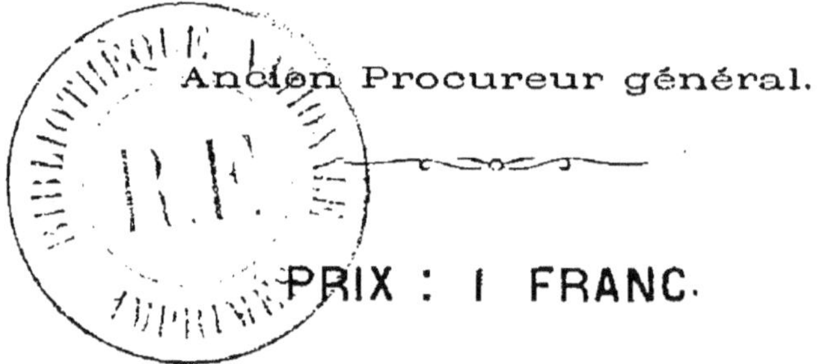

Ancien Procureur général.

PRIX : 1 FRANC.

E. L.

E. LACHAUD, éditeur.

A Paris, place du Théâtre-Français, 4.

1871.

PRÉFACE.

Cette étude n'a d'autre prétention que de prendre acte de la situation générale, et des dispositions particulières où nous nous trouvons.

Les réflexions qu'on va lire, qui ne les a faites ? Ne sont-elles pas venues à l'esprit de chacun, pour peu qu'il ait observé ce qui s'est passé depuis un an, écouté ce qui s'est dit partout, interrogé dans ses loisirs la philosophie de l'histoire ?

Nous relèverons-nous, et comment? Telles sont les questions du moment. Ce qui paraît démontré, c'est qu'il ne sert de rien de s'abandonner au pessimisme, et qu'il faut avant tout sentir la nécessité de secouer une inaction fatale.

Nous sommes assez punis de notre indifférence, pour ne plus hésiter à payer dorénavant de notre personne, avec résolution, dans la grande bataille qui est engagée, et dont l'audace de nos adversaires a grossi le danger. L'égoïsme, voilà la peste de l'époque, celle dont la contagion est le plus à craindre, chez nous surtout, parce qu'ayant plus sacrifié que personne à l'utopie cosmopolite, notre union nationale est plus compromise que nulle autre.

Entre toutes les remarques originales qui distinguent l'œuvre historique de M. Michelet, celles-ci méritent incontestablement d'être retenues :

« Ici, chacun va chercher ses amis ailleurs : le politique à Londres, le philosophe à Berlin ; le communiste dit : Mes frères les chartistes. Le paysan seul a gardé la tradition du salut : un Prussien est pour lui un Prussien, un Anglais est un Anglais ; son bon sens a eu raison contre vous tous, humanitaires ! »

Et encore :

« La manie singulière de se dénigrer soi-même serait mortelle à la longue. L'Europe pourra bien nous croire, si nous nous disons méprisables ; voilà que tout à l'heure elle voit la France comme un monstre. — Mais il faut bien que Dieu éclaire la France plus qu'aucune autre nation, puisqu'en pleine nuit, elle voit quand nulle autre ne voit plus ; dans ces affreuses ténèbres qui se faisaient souvent au moyen-âge et depuis, personne ne distinguait le ciel ; la France seule le voyait. — Voilà ce que c'est que la France. Avec elle, rien n'est fini, toujours à recommencer. — Quand nos paysans gaulois chassèrent un moment les Romains, et firent un empire des Gaules, ils mirent sur leur monnaie le premier mot de ce pays (et le dernier) : Espérance. »

Oui, nous pouvons toujours avoir l'Espérance, si la grande majorité des citoyens, au lieu de ne pas intervenir dans ces querelles intestines qui ont précipité notre ruine, se réveille enfin, non pour se lamenter, mais pour refaire patiemment un lendemain moins triste, et, dans tous les cas, pour se préparer à être à la hauteur des devoirs de l'avenir. Oui, espérons, si chacun de nous, profitant de l'enseignement du malheur, se décide à contribuer, dans la mesure de ses forces, à la régénération. Oui, espérons, si nous ravivons la flamme patriotique, autour de laquelle nous devons nous réchauffer, sous peine d'avoir vécu.

Voici déjà de bonnes résolutions qui se manifestent, disons-le à la louange de ceux qui ont pris l'initiative de cette réaction morale. Après l'*Union de la Presse parisienne* est venu le plan des *Ligues de quartier*, nouvelles ligues du véritable bien public. Aujourd'hui, c'est mieux encore : le comité des *Ouvriers compagnons* décide que tous les compagnons devront s'abstenir de faire partie de l'Internationale ; que nul groupe d'entre eux ne pourra se mettre en grève, et que, dans toutes les villes de France, ils se donneront la mission de pousser pacifiquement à la reprise du travail, et s'engageront au maintien de l'ordre. Ainsi se trouve justifié l'éloge que Béranger adressait à Agricol Perdiguier : « Le mieux naîtra de tout le bien que vous aurez fait. » *Plaudite, cives.*

Approuvons et imitons.

6 octobre 1871.

L'ÉTAT

DE LA

QUESTION SOCIALE

EN 1871.

I

Le mémorable *que sais-je?* de Montaigne est plus de saison que jamais, depuis que le xviiiᵉ siècle, par l'organe de Voltaire, a défriché tous les champs, sans en cultiver un seul, selon la juste expression du poëte (V. H.), dont la parole magique semblait nous préparer une seconde renaissance, lorsqu'il disait, en 1834, dans sa belle étude sur Mirabeau :

« Il n'y a plus rien de certain dans la science politique ; toutes les boussoles sont perdues, la Société chasse sous ses ancres. A l'heure qu'il est, les hommes de révolution ont accompli leur tâche. L'homme sage doit espérer, se confier, attendre. »

Depuis, nous avons vu 1848 et 1870-1871 ! Est-ce à dire qu'il n'y ait plus qu'à désespérer, et qu'en nous voyant envahis par le débordement du ruisseau de la Bohême, nous ne devions plus avoir l'idéal pour but? Parce que la place publique se trouve transformée en une nouvelle *Cour des Miracles*, faut-il croire qu'elle ne sera plus déblayée, et que le droit comme le devoir sont à jamais relégués dans le pays des chimères? Ce serait méconnaître l'éternelle vitalité du sentiment inné, que les incrédules eux-mêmes conservent malgré tout, en même temps que ce serait s'exagérer la ténacité des misérables les plus endurcis pour un état d'abjection, où ils ne tombent jamais qu'en rougissant de honte.

Il n'est que trop vrai que le courage civil est devenu aussi peu commun que le bon sens. Je n'ai pas oublié ce que j'ai entendu, il y a une vingtaine d'années, comme défenseur d'un des malheureux accusés de l'assassinat du général Bréa, et notez bien, de la bouche de cent témoins : « — S'il s'était trouvé dix hommes comme moi, le crime n'aurait pas eu lieu. » Calculez, et ce n'est pas 10, mais 100 hommes de cœur qui étaient là, s'ils disaient vrai ; et, sur l'heure, pas un ne s'était jeté à la traverse de l'horrible attentat ! — Et quand, récemment, des scènes semblables se sont reproduites, la même apathie s'est retrouvée. Serait-ce le cas de répéter ce que Cicéron disait, en parlant de la vertu sociale des Romains des grands temps : « *Laus est temporum, non hominis.* »

Mais non (sans parler de l'archevêque de Paris, parce qu'on ne saurait faire l'éloge de la grâce divine qui revient au prêtre), les Mac-Mahon, les Bonjean ne sont-ils pas toujours des hommes de Plutarque? Et combien d'actes d'héroïsme ne doivent pas en outre rester au compte de la population de Paris, dont les épreuves, tant pendant le siége que sous le régime de la Commune, ne peuvent être oubliées!

Enfin quelle démonstration plus décisive de l'impuissance de la force brutale voudrait-on? Alors qu'on n'avait jamais vu autant de forts, autant de machines meurtrières entre les mains d'une insurrection, et aussi peu d'éléments de défense préparés, quelques jours ont suffi pour tout remettre en place.

Un tel spectacle a pour effet, ce semble, de faire mordre la poussière aux sceptiques, et de relever la confiance dans la solidité des arcs-boutants de la société. Et, si ce fut une rude épreuve pour notre pays, ce sera peut-être sa plus grande gloire, d'avoir seul, contre tous les ennemis coalisés de l'ordre moral, fait éclater l'invincibilité du droit.

Ce n'est pas d'aujourd'hui, du reste, que le spiritualisme triomphe du matérialisme. Il y quatorze siècles, Attila marchait sur l'empire romain à la tête d'un million de barbares, impatients de jouir des moissons que d'autres avaient semées, et prêts à dépenser pour le pillage plus d'énergie qu'il n'en faut pour amasser la richesse par le travail ; ce formidable guerrier ne joignait-il pas à ses titres celui de *fléau de Dieu*, afin de mieux tenir ses bandes dans sa main, sachant bien qu'on ne mène les hommes, les plus misérables même, qu'avec une idée. Et quand, devant la Ville-Eternelle, il trouva le pape Léon Ier, lui rappelant la chute d'Alaric après le pillage de Rome, ne fut-il pas saisi d'un effroi tel qu'il se retira précipitamment au-delà du Danube !

On dit que le respect s'en va ; il est vrai qu'il n'y a plus de respects acquis, mais il y en aura toujours à conquérir. Le penchant à l'admiration de ce qui impose le respect, n'est pas moindre que le penchant à l'imitation des mœurs de ceux qu'on envie, tout en les critiquant.

II

Il n'est pas douteux que le suffrage universel a consacré l'avènement d'un monde nouveau ; mais en même temps l'instruction des masses, qui est à faire ou tout au moins à compléter, ne sortira que d'une science nouvelle, redoutable jusqu'à ce qu'elle ratifie l'alliance de la justice et de la liberté. L'intérêt est, assurément, un mobile indispensable, mais, sans l'équité, l'individualisme ne serait qu'un germe de dissolution, puisque chacun n'aurait d'autre règle que sa convoitise. C'est ainsi qu'à mesure que se multiplient les correctifs de l'inégalité des conditions, doivent s'éteindre les raisons d'être de la guerre entre le travail et le capital ; je fais allusion à l'institution des caisses d'épargne, des sociétés de secours mutuels, des caisses de retraite, à tous les moyens qui permettent de lutter contre le chômage, la maladie et la vieillesse. Pour l'artisan sage, ce sont là de véritables progrès, car, s'il est désirable d'avoir du travail et d'en être bien payé, il n'y a rien au-dessus de la douceur des fruits dus à cette économie prévoyante qui affirme la personnalité et la responsabilité.

Mais, il faut bien le dire, les ouvriers sont trop récemment émancipés, et trop librement excités par l'aliment malsain des clubs et des journaux exclusivement à leur usage, pour qu'ils ne continuent pas, pendant quelque temps, à se considérer comme des opprimés, et à s'embrigader dans le seul but d'agir en maîtres.

Depuis qu'ils sont sur le même pied que les patrons, au point de vue des coalitions, les ouvriers n'ont eu qu'une préoccupation, celle de prendre leur revanche ; et leurs meneurs, loin de se contenter d'avoir beau jeu, n'ont pas reculé devant la violence, la menace, la mise en interdit de tel ou tel atelier. Mais la loi permet de réprimer ces excès et il n'y faut pas manquer ; car si l'autorité sans contrepoids s'érige bientôt en tyrannie, la liberté absolue ne dégénère pas moins vite en anarchie.

Le jour où on se montrera plus sévère, les classes ouvrières se résigneront à accepter des alternatives de biens et de maux, qui sont dans la destinée de tous. Ils ouvriront les yeux et verront que, dès qu'ils jouissent du droit commun, ils n'ont pas d'excuse, s'ils cherchent à dominer. C'est à chacun de faire des sacrifices ; et l'agglomération, fondée sur des intérêts réciproques bien compris, aura raison de cet éparpillement d'hommes, qui, mettant entre leurs liens originaires et leurs relations nouvelles de grandes distances, laisse s'effacer cette union des générations qui fait l'assiette d'un Etat.

III

M. Jules Simon, dans son *Traité du Devoir*, fait cette remarque :

« Nous ne pouvons nous dissimuler que sous l'ancien régime l'autorité presque illimitée du père, le droit d'aînesse, l'orgueil du nom, qui s'étendait jusqu'à la plus petite bourgeoisie, l'immobilité des patrimoines et la communauté de foi religieuse et politique, donnaient à la famille une cohésion bien autrement puissante que celle qu'elle peut tirer de nos lois sur l'émancipation, la majorité, le partage des biens, de notre vie sans dignité et sans intérieur, de notre indifférence en matière de religion et de nos passions politiques. »

Tout cela est remplacé avec avantage, puisqu'il n'y a plus de déshérités ; seulement, il faut laisser le temps à l'éducation morale de rayonner dans tous les coins. Souvenons-nous de la nature des efforts qui valurent à la bourgeoisie son émancipation ; c'est par la reconstitution de la commune qu'ils recomposèrent les populations, qui allaient périr par suite de l'abandon de la vie municipale du monde romain.

L'avenir appartient encore à la bourgeoisie, si elle sait profiter de la mauvaise fortune, pour donner à ses enfants le goût des études sérieuses, pour en faire de bons citoyens, comme savent les former les mères bien choisies. Tenez, ce que Turgot écrivait il y a cent ans est encore vrai :

« Il y a longtemps que je pense qu'il faut prêcher le mariage et le bon mariage. Les mariages se font avec bassesse, par des vues d'ambition et d'intérêt, et comme par cette raison il y en a beaucoup de malheureux, nous voyons tous les jours une façon de penser bien funeste aux Etats, aux mœurs, à la durée des familles, au bonheur et aux vertus domestiques. Je sais que les mariages d'inclination même ne réussissent pas toujours. Ainsi, de ce qu'en choisissant on se trompe, on conclut qu'il ne faut pas toujours choisir. La conséquence est plaisante ! »

Ce sont ces mêmes tendances que Plutarque reprenait déjà, du temps de la décadence romaine, en disant qu'on se mariait, non pour avoir des héritiers, mais pour avoir des héritages.

Pourquoi le chercheur, en feuilletant les œuvres de Turgot, ce grand homme qui, au dire de Malesherbes, avait le cœur de L'Hôpital avec la tête de Bacon, s'arrête-t il devant un passage qui peut paraître un hors-d'œuvre? Qu'on y réfléchisse, et on arrivera à partager cette opinion que le défaut de la cuirasse est là autant qu'ailleurs.

Conformons notre vie aux préceptes. Et la foule, loin d'être tentée de nous jeter la pierre, nous respectera, dès que nous nous respecterons nous-mêmes en tout et pour tout.

Ne laissons plus toucher surtout à ce qui doit être honoré.

Au lieu de laisser le champ libre à des tribuns échevelés, qu'on s'est habitué à voir parler tout seuls, récrions-nous contre toutes les erreurs et opposons-leur des raisons, *vehementer, non iracundè*, sans colère, mais avec cet accent de l'honnêteté convaincue qui finira par avoir plus de succès auprès des vrais travailleurs que la flatterie grossière dont ils doivent être las.

IV

Voyez comme l'autorité, cette arme qu'on trouvait trop vieille, et que chacun à l'envi mettait au rebut, reparaît dans son premier éclat. N'est-ce pas la meilleure preuve que les révolutions, faits violents impuissants à fonder, produisent toujours le contraire de ce qu'elles promettent? Qu'on nous montre dans l'histoire le parti qui, après s'être fait blanc de son épée, avant son avènement, ne s'est pas vu forcé, lorsqu'il a tenu les rênes, de se défendre contre les excès de la liberté!

Croyez bien que c'est moins l'amour du pouvoir, qui fait agir de même tous les chefs de gouvernement, que la nécessité du salut public. Ce qui peut tromper, c'est que l'opposition, en apparence, ne donne l'assaut qu'au despotisme ; mais est-il, en réalité, un seul représentant du pouvoir exécutif qui ne soit condamné à s'user rapidement dans un milieu hostile, dont des compétitions sans cesse renaissantes élargissent tous les jours le cercle?

Qu'en résulte-t-il? Comparez les prétextes et les résultats de tous les changements politiques. On veut nous délivrer d'un joug, et on nous fait retomber sous un autre. Le but et la forme des passions humaines changent, les passions restent les mêmes ; de là l'éternel danger, que les philosophes qui ont observé le flux et le reflux social ont toujours signalé. Jugez-en plutôt : « Qui donc, nous dit Tacite, poursuivant l'asservissement d'autrui et la domination pour soi, n'a usurpé le mot de liberté et tout le même vocabulaire spécieux ? »

Et Tite-Live : *Libertate modicè utendum.*

Et Cicéron : *Rempublicam amisistis tam citò ! Proveniebant oratores novi, stulti adolescentuli.*

Cela n'a guéri personne, loin de là ; nous n'avons plus de Tacite, de Tite-Live ni de Cicéron ; par contre, les lauriers obtenus par des médiocrités empêchent de dormir tout le monde, et c'est à qui veut s'élever. Si cela ne tendait qu'à développer les sentiments virils, la résolution, l'énergie, la persévérance, le travail infatigable, ce serait bien ; mais le plus souvent, hélas ! on ne cède qu'à des préoccupations moins avouables.

Il n'est que temps de songer à la création d'un foyer plus pur, qui substitue à la lutte écœurante des intérêts celle des caractères, telle qu'elle se montre encore dans ces corporations qui sont toujours à citer comme des modèles ; j'entends parler du barreau et de la magistrature.

Je voudrais pouvoir en dire autant de cet autre pouvoir moderne, devenu le premier, — *nec pluribus impar,* — la presse.

Un homme d'esprit disait que la liberté individuelle, la liberté des cultes, la liberté de choisir l'enseignement pour ses enfants, étaient de véritables libertés, parce qu'elles appartenaient à tous les citoyens, en même temps et dans des conditions égales ; mais qu'il n'en était pas de même du journalisme, qui n'était qu'un privilége, puisque deux ou trois mille. individus seulement étaient admis à en jouir. C'était un paradoxe ; car le journalisme ne fait qu'exercer une liberté non moins précieuse que les autres, celle qui appartient à chacun de publier son opinion. Ce qui est vrai, c'est qu'on abuse de la presse comme de toutes choses, et que cet abus dépasse tous les autres par ses résultats. Jugez du mal que fait une presse exclusive, qui n'est qu'un écho de récriminations.

Tant qu'on permettra à des gens masqués, n'ayant d'autre conviction que celle de se croire du nombre des élus, de manier la plume, à l'instar des spadassins, pour le plus grand mal des timides, nous serons menacés d'une *seconde tour de Babel* ; c'est à l'auteur de *Notre-Dame de Paris* qu'appartient le mot. On le trouvera dans le chapitre intitulé : *Ceci tuera cela* (le livre tuera l'édifice). Que ne tuera pas en effet la presse, si elle n'est pas disciplinée ? De même que la prudence la plus vulgaire empêche de laisser une arme entre les mains d'un fou furieux, pourquoi une certaine surveillance ne se-

rait-elle pas dévolue à un comité de la presse, comme
aux conseils de discipline institués auprès des diverses corporations d'officiers publics? Car le cau-
tionnement qu'on avait supprimé, et qu'on vient
de rétablir en vue de paralyser les *Empoisonneurs
de l'opinion publique*, comme les appelle un arrêté
de la Commune de Paris du 12 août 1792, n'est
qu'un palliatif. En tout, il faut une responsabilité;
comment s'en passerait-on, là où le danger est de
tous les jours? Ne demande-t-on pas à un pro-
fesseur des garanties de capacité et de moralité,
à un droguiste des précautions dans le débit des
substances nuisibles?

Le remède sera surtout dans la sévérité du jury,
auprès duquel le ministère public devra user de
l'influence morale que donnent l'austérité et la
raison, pour démontrer, le cas échéant, la nécessité d'une protection.

N'en a-t-on pas assez de ces polémiques stériles,
qui, en exaltant à outrance les droits de l'homme,
entretiennent une ébullition permanente?

La question se réduit à savoir ce qui peut être
revendiqué par la liberté et laissé à l'autorité, de
manière à ce que les liens qui font la force et le
charme de la vie commune soient maintenus. Il
faut en finir avec la métaphysique de la liberté,
si l'on ne veut lâcher la proie pour l'ombre.

Il y a des droits dont il faut exiger le respect;

qui le nie ? Mais en les exagérant, on les compromet, et il s'ensuit qu'on perd de vue ces premières notions de solidarité des devoirs, que Dieu a gravées dans le fond de notre être, et qui doivent relier *(religare)* tous les membres d'une société, selon l'heureuse expression de saint Augustin. En effet, quiconque veut jouir des avantages de l'état social, doit s'abstenir de ce qui peut nuire à son voisin ; et cette restriction de la liberté n'est qu'apparente, puisqu'elle l'assure. Telle est la conclusion de l'*Esprit des Lois* :

« La liberté politique est cette tranquillité d'esprit qui provient de l'opinion que chacun a de sa sûreté. Pour qu'on ait cette liberté, il faut que le gouvernement soit tel qu'un citoyen ne puisse pas craindre un autre citoyen. »

V

S'il fallait en croire Diderot, il n'y aurait rien de plus décourageant que l'étude de l'histoire, et les spectacles qu'elle nous offre seraient de nature à développer les plus mauvaises passions. Si je ne me trompe, il est plus logique de penser, avec Commines, qu'il n'y a pas, au contraire, d'enseignement plus capable d'indiquer les principes du bien-être moral et matériel. En effet, c'est avec raison que l'incomparable chroniqueur fait remarquer que l'histoire nous apprend plus d'expérience, en trois mois, que si nous vivions autant que vingt hommes l'un après l'autre ; c'est assez dire qu'il n'y a pas de plus solide partie de la philosophie.

Quelles sont donc les victoires qui n'ont pas leur lendemain ; que deviennent les couronnes décernées aux princes ou aux tribuns par les multitudes enivrées ?

Ce n'est pas sans émotion qu'on fait, à travers notre histoire, le pélerinage des expériences et des déceptions sans nombre auxquelles nous avons été soumis ; et combien n'a-t-on pas le cœur navré, lorsqu'on avait lieu de se croire arrivé au port, à l'abri des tempêtes, d'avoir à constater, en regardant autour de soi, que la moralité publique est plus malade que jamais !

Ils sont bien coupables les provocateurs qui ont appris aux masses à se désaffectionner, à mépriser les supériorités, au point que tous les gouvernements à peine nés semblent devoir être impossibles, condamnés qu'ils sont à être minés dans leur autorité par une discussion systématique devenue parole d'évangile.

Ce n'est pas que les autres peuples soient meilleurs ; ils sont peut-être pires. Seulement nous mesurons moins l'étendue du péril ; nous ne nous défendons pas assez contre cette monomanie qui consiste à se demander tous les jours si l'on est assez libre. On comprend combien une pareille disposition est favorable au prosélytisme, et avec quelle facilité toutes les ardeurs trouvent des adhésions et des bras ; car, les témérités du radicalisme, qui, chez les hommes cultivés, revêtent des formules politiques, conservent leur crudité dans le cœur des sectaires qui ont accepté la succession des Babœuf.

Il semble qu'on soit pressé de vivre et que l'on ne prenne plus la peine de penser, de se recueillir, de peur de perdre son temps ; on court après les émotions et les jouissances, sans se préoccuper de savoir si on retrouvera le bon chemin. C'est ainsi que, faute de calme, les lumières morales disparaissent pour faire place à un sensualisme, que ne connaissait pas le xviiie siècle, qui, s'il n'a laissé que des abstractions, avait légué, du moins, au xixe siècle, la mission de réaliser des vérités, singulièrement compromises par la passion exclusive du bien-être matériel, que dédaignaient nos pères. Faudrait-il dire, avec le psalmiste, *scribentur hæc in generatione alterâ?* Notre génération est indigne de la mission qui lui était destinée?

Mais on doit savoir maintenant, ce semble, à quoi s'en tenir sur le résultat auquel conduisent infailliblement les prédications de ceux qui, faisant abstraction des réalités, rêvent une félicité sans mélange, qu'ils reprochent aux institutions d'entraver, comme si les insensés, en croyant s'insurger contre la société, ne se révoltaient pas contre la destinée humaine !

VI

Dieu veuille qu'à nos dissensions succèdent enfin des idées pacifiques et foncièrement moralisatrices ; mais, quel que soit l'avenir, les inductions permises ne sont pas assez rassurantes pour que nous nous endormions dans la quiétude.

Lorsqu'on est né avec les chemins de fer, lorsqu'on a grandi en s'habituant à jouir des bienfaits d'une société démocratique, qui épargne toutes les fatigues, toutes les privations au plus grand nombre, on ne s'aperçoit pas qu'on s'est laissé aller à augmenter ses avantages matériels au détriment de certaines qualités, qui s'altèrent bien vite au frottement de la civilisation. Cela paraît étrange. Mais cela est ; il y a de ces mœurs primitives, qu'il importe de conserver intactes comme des conditions d'existence. On peut le dire, quand il est question de la notion d'un Dieu rémunérateur du juste et de l'injuste, du respect pour les aïeux, de l'amour de la patrie, de toutes ces vertus enfin sans lesquelles un peuple ne saurait vivre.

Veillons, sinon nous risquons de laisser éteindre dans les âmes ce feu sacré, dont les éclipses trop fréquentes sont pour un pays, comme autant de périodes pathologiques grosses de miasmes mortels.

J'entends bien que, contre le vertige, il n'y a rien à faire, mais c'est précisément ce vertige qu'il s'agit de prévenir. Répéter sans cesse que nous sommes incorrigibles, c'est, tout simplement, faire l'affaire des étrangers, qui ne demandent pas mieux que de nous croire sur parole, afin de nous traiter comme des lépreux.

———

VII

On a pu renoncer aux sentiments chevaleresques, mais non à l'esprit de famille ; or, on ne peut nier que l'idée de patrie en soit la conséquence sociale. Admettons que l'individu, depuis que l'esprit communal s'est faussé, au point de s'être pour ainsi dire annullé, admettons, dis-je, que l'individu, se sentant isolé, demande un point d'appui à l'association ; c'est son droit, si ce n'est pas toujours son intérêt, comme les grévistes se chargent eux-mêmes de le démontrer, en usant de violence vis-à-vis des leurs, afin de ne pas laisser les liens d'une union nécessaire à leurs desseins se détendre. Mais ce droit, jusqu'où va-t-il? Comment peut-il s'exercer? Doit-on laisser les ouvriers faire corps à part, et se désintéresser du bien de l'Etat qui les touche de plus en plus?

A l'époque des guerres de religion ou de classes, la liberté, l'égalité se réclamaient de la justice. Une fin aussi légitime pouvait rendre moins difficile sur le choix des moyens ; en outre, rien n'était alors possible sans une organisation mystérieuse. C'est ainsi que dut se développer dans l'ombre la franc-maçonnerie. Non-seulement le libéralisme moderne en est sorti tout armé ; rien de mieux jusque-là ; mais que de systèmes bâtards n'en sont pas résultés : le *mesmérisme*, qui enfanta le somnambulisme artificiel ; le *martinisme*, l'imposture de Joseph Balsamo (le prétendu comte de *Cagliostro*) ; puis l'*illuminisme* allemand, et enfin le communisme évangélique de Fauchet, que Babœuf matérialisa bientôt. — J'en passe et de non moins excentriques.

Voilà les produits inévitables des associations

secrètes, dans lesquelles le mysticisme ne manque jamais de pénétrer par des voies plus ou moins pures.

Le bien qu'a fait l'ordre maçonnique n'en est pas moins incontestable ; et Mirabeau lui-même, cet homme de génie si pratique, cherchait l'utilité qu'on en pouvait tirer, s'il était sagement réglé.

Les associations actuelles, qui nous inondent, ont-elles fait mieux ? Qui oserait le soutenir, en présence de ces coalitions étroitement égoïstes, qui, au lieu de se contenter de faciliter les aspirations légitimes d'un peuple conscient de sa dignité, n'ont en vue que la satisfaction des appétits et la surexcitation des désirs illimités ? Qu'en est-il advenu ?

Pour un peu, il n'y aurait plus rien, mais rien qui fût respecté. La religion, la justice, la famille, la propriété ; tout serait brûlé. La fraternité... armée seule resterait debout. Ah ! l'on comprend que les révolutionnaires aient excommunié Mirabeau, qui voulait que la garde nationale ne comprît que la population possédante ou tout au moins fixée, qui déniait à une portion quelconque du pays le droit de limiter la souveraineté nationale, qui enfin proclamait le droit seul souverain du monde. On a fait tomber depuis toutes ces antiques barrières ; aussi chacun en est-il arrivé à chercher un signe de ralliement au milieu de ce chaos.

VIII

Le gouvernement, quand il le veut, a dans ses mains le moyen de maintenir l'ordre social, et quand il fait son devoir, il peut répondre de tous les autres. Mieux encore, il peut encourager par les récompenses qu'il distribue, non-seulement au militaire qui défend son pays, ou au magistrat qui se respecte autant que la loi, ou au commerçant qui, à l'aide de ses lumières, de son travail, de sa bonne foi, enrichit la nation en même temps que sa famille, mais encore à tous ceux qui sont signalés par la commune renommée comme des citoyens éminemment utiles. Les présidents des divers conseils du pays sont là pour renseigner, sur tous les points, la commission de l'assemblée appelée à choisir les plus dignes. Car enfin la loi ne sait que punir ; la police ne sait que balayer la voie publique, l'éclairer, mettre la main sur les voleurs ou les meurtriers ; tandis que la bonne égalité, comme dit Isocrate, ne consiste pas seulement à faire part des mêmes avantages à tous, mais à mettre une différence entre les bons et ceux qui se contentent de ne pas commettre des actions punissables.

C'est Voltaire qui l'a écrit :

« On aura beau faire, entasser traités de morale sur traités de morale, tant que dans la grande trémie du gouvernement, on n'engrènera pas la considération avec la vertu, l'ignominie avec le vice, on n'aura rien fait. Celui qui aura le secret de peupler une ville d'honnêtes gens, en portant sa règle dans les autres, en peuplera un royaume. Supposez au contraire une ville aussi grande que Paris, que les arts frivoles y soient dans la plus haute estime, et que ceux qui les exercent y gagnent plus en un jour que tous les laboureurs d'une province ne sauraient faire en un mois; que les mariages y soient outragés par les deux sexes, que la débauche y empoisonne la source même de l'espèce humaine, que les vieillards y conservent les désordres de la jeunesse et que les jeunes gens y vieillissent avant la maturité; que dans cette ville il y ait toujours de l'argent pour les spectacles, la parure et la table, jamais pour payer les dettes; que le peuple, digne de ceux qui sont au-dessus de lui, devienne une pépinière de fripons, de voleurs et d'assassins. Quelle ville ! quelle capitale ! »

Comme on le voit, l'histoire est un miroir où certaines images restent vivaces. Oui, tout dépend de la bonté des mœurs, et il n'est que temps d'aviser. Ecoutez encore ce que dit le philosophe du XVIIIe siècle, qui doit probablement de n'être pas récusé à cet esprit prodigieux que nul n'a encore surpassé :

« Jouissez de la patience du ciel, enivrez-vous des poisons flatteurs qui vous consument, jusqu'à ce que les familles, entrant dans la méfiance générale que la méchanceté publique inspire, n'imaginent plus de sûreté qu'à se déchirer les uns les autres, jusqu'à ce que le peuple, ne voyant plus rien à respecter dans les riches, dans les grands, les insulte, les trouble dans leurs possessions et les dépouille, jusqu'à ce que tous les ordres de l'Etat, se heurtant les uns contre les autres avec le poids de tous les vices, brisent tous les liens des lois, jusqu'au moment enfin où il ne restera ni justice, ni honnêteté, ni force, ni courage. C'est alors peut-être qu'une nation barbare ou policée depuis peu, mais moins corrompue, viendra, le fer à la main, vous donner ses lois et ses mœurs. Tel fut le sort de l'empire romain et de tous les Etats, lorsque tout fut corrompu. »

Et cependant, quand on entend vanter l'Angleterre, on est en droit de demander quand ce peuple, qu'on a pu longtemps nous citer comme un modèle, au point de vue de la liberté politique, possèdera cet état social, qui, chez nous, luit pour tout le monde.

Seulement, c'est une raison de plus pour nos gouvernants d'étudier les transitions à l'aide desquelles il nous sera donné de progresser sans dérailler ; il leur appartient de tenir en échec le flot des ignorances, des vices, des passions, en enseignant aux multitudes à discerner ceux qui les éclairent de ceux qui les égarent, ceux qui les servent avec dévouement de ceux qui les flattent pour les séduire.

Que signifie cette pompeuse déclaration de la souveraineté du peuple, tant qu'on n'aura pas développé l'indispensable conscience du devoir, sans laquelle on n'est jamais digne de régner? C'est Lamartine qui l'a dit, à quoi bon changer le moule, si vous ne changez pas l'argile; ce sera toujours de l'argile.

Remettons d'abord en honneur ces préceptes, pour lesquels nos pères professaient un véritable culte, et que des sophistes d'aventure ont dépouillés de leur empire, en les traitant comme des lieux communs et des vieilleries. Sur ces bases, nous discuterons le reste. C'est alors qu'on pourrait songer à faire un code intellectuel et moral, en conviant à sa rédaction tous les hommes qui marchent à la tête des sciences, des arts et des métiers. Car, enfin, il faut bien le dire, quel aliment a-t-on donné jusqu'à présent à ces nouvelles troupes d'affamés de lecture qu'on a levées tout à coup? Et cependant, qui doute que les masses aient l'instinct de leurs intérêts; qui ne sait qu'elles ne se trompent pas longtemps sur leurs véritables amis? Mais ce qui importe pour cela, on ne le dira jamais assez, c'est l'union, c'est le concours de tous les gens de bien.

« Quand les hommes sont liés ensemble, écrivait Burke en 1770, ils peuvent aisément s'avertir au moment même où les mauvais desseins apparaissent, sonder ces desseins en commun et s'y opposer avec toutes leurs forces réunies. Quand, au contraire, ils sont dispersés, sans concert, sans ordre, sans discipline, l'accord est difficile, la résistance impossible. Dans une association, l'homme le moins considérable, en augmentant le poids total, a son utilité ; dans l'état de division, les plus grands talents deviennent inutiles au public. Quand les méchants se liguent, il faut que les bons s'associent, autrement ils tomberaient un par un, victimes peu dignes de pitié, dans une lutte méprisable. Le devoir oblige non-seulement à voir le bien et à le montrer, mais à faire tous ses efforts pour le faire prévaloir, non-seulement à signaler le mal et à le combattre, mais à ne rien négliger pour en venir à bout. »

IX

Depuis que l'économie sociale absorbe de plus en plus la politique, il y a lieu, sous peine de se voir surpris par les faits, de se mettre en campagne, et non de s'en rapporter au hasard, pour résoudre les problèmes qui, à l'heure qu'il est, préoccupent les intelligences. Il est passé le temps de *ne rien faire ou laisser faire*. Il est ordonné, à quiconque veut gouverner, de faciliter à tous les membres de la société une juste participation au surcroît de bien-être qu'a produit l'augmentation de la fortune publique. Tel est le but de la science nouvelle, dont l'objet est d'enseigner non-seulement comment les choses se passent, mais comment les richesses doivent se produire, se distribuer et se consommer.

Il en est de l'économie politique comme de la chimie ; quoique les phénomènes chimiques soient aussi anciens que les atomes qui constituent les corps, ce n'est que de nos jours que la chimie est née ; de même les faits économiques sont certainement contemporains des sociétés, et cependant, depuis quand l'économie existe-t-elle réellement ? Le mot a beau nous venir du grec, ce n'est assurément pas Aristote que nous consulterons pour avoir la solution que nous cherchons, puisque les conditions de sociabilité se sont modifiées du tout au tout. On dira peut-être qu'il eût mieux valu ne pas abdiquer les principes philosophiques ou religieux de nos pères, de par lesquels la prospérité des nations reposait sur l'harmonie des parties principales de l'édifice, plutôt que sur des sables mouvants qui dérangent du jour au lendemain le lit de chacun ; mais il faut accepter le progrès tel qu'il est, avec ses bons et ses mauvais côtés, et se plier de bonne volonté aux circonstances, tant qu'un matérialisme abject ne disputera pas la place au spiritualisme sacré, dont le christianisme nous a confié le dépôt.

Rien n'est plus urgent que de faire entendre la voix nette et ferme de la raison au-dessus des clameurs confuses du socialisme, qui, en face de l'économie, nous fait l'effet de l'alchimie comparée à la chimie. Surtout, pas de conciliation avec des gens qui n'en admettent aucune, dans la conviction où ils sont qu'ils n'ont qu'à mettre la société toute vive dans le creuset pour l'en faire sortir toute d'or.

Défendons notre vieille maison, réparons les brèches, corrigeons-la par où elle pèche, mais ne la laissons pas tomber, car nous risquerions de n'avoir plus pour la reconstruire que des matériaux imaginaires, et un plan sur lequel on serait trop longtemps à se mettre d'accord.

Non ! la pratique ne saurait s'installer, *ipso facto*, là où les discussions, après avoir fait table rase, disparaîtraient tout à coup ; et la théorie a toujours son mérite, à la condition toutefois qu'elle émane des hommes d'étude et d'expérience. On connaît l'argument *a contrario* de Voltaire : « Quand j'ai besoin d'une paire de souliers, je ne vais pas la demander à un maître des requêtes. »

Le maréchal Bugeaud l'a dit, avec cette haute raison devenue proverbiale : « La source de la richesse est une, comme la vérité : c'est le travail incessant qui la découvre, c'est l'épargne seule qui la conserve ; lorsqu'on s'habitue à compter sur l'État, on travaille en conséquence. »

Ce grand citoyen, tout en comprenant qu'on doit prêter la main aux améliorations possibles, avait trop de bon sens pour ne pas résister aux idées folles, avec lesquelles on grise les malheureux, et ses *Veillées de la chaumière* mériteraient d'être répandues, quoique vieilles de plus de vingt ans, en vue de contre-balancer des déclamations vides, qui, réduites à se traduire en actes anarchiques, attirent sur le mot de socialisme la réprobation des honnêtes gens.

Nul chef n'aurait mieux convenu au tiers parti, qui a sa place marquée entre les économistes et les socialistes. Car enfin, il n'était pas de ceux qui se contentent de manifester de bonnes intentions : il cherchait toujours le mieux et le trouvait souvent ; mais il n'y avait pas de danger qu'on le vît embrasser à la légère des systèmes, qui, abusant du mot de fraternité, respectent si peu les droits d'autrui, et amènent nécessairement le désordre intellectuel et moral, dont l'explosion récente est le *criterium*.

Il s'agit d'organiser le travail; c'est bientôt dit; est-ce aussi facile à faire ? On se rappelle le désarroi que jeta dans le camp des socialistes de 1848 cette sommation à brûle-pourpoint de M. Thiers : *Produisez vos systèmes!* Ce n'est pas à dire que l'idéal ne soit autre, à Dieu ne plaise ! que cette doctrine, d'importation anglaise, toute d'insouciance, en présence des fortunes colossales s'élevant à côté de la plus navrante misère. Non, abstraction faite de la question de sentiment, qui ne nous est pas étrangère, il est nécessaire de se tenir sur le qui-vive, afin de couper court à des conspirations telles que le *chartisme*, cet œuf de l'Internationale. Mais il en est des mesures à prendre comme des règles à établir : tout ce qui est absolu ou radical ne peut inspirer que défiance.

Voyez plutôt. Sans parler des babouvistes ou des communistes qui ne supportent pas la discussion, entendez les partisans de *l'association* ou de la *concurrence*. Pour les uns, la libre concurrence n'est qu'une excitation fiévreuse, multipliant intempestivement les produits et amenant inévitablement la baisse des prix ; pour les autres, la création des compagnies n'est qu'une coalition des grands capitalistes et une renaissance de l'antique monopole ; en sorte qu'à en croire ceux-ci ou ceux-là, on s'éloignerait du but au lieu de s'en rapprocher.

De même pour la *liberté commerciale ;* — c'est un remède infaillible ; ou c'est la chimère la plus dangereuse. — Il n'y a que cela qui ait la vertu de réconcilier les peuples et de rendre les guerres impossibles ! — Comment la compétition engendrerait-elle la concorde ; comment l'harmonie pourrait-elle naître de l'antogonisme des intérêts ? — En somme, que répondent les filateurs, les maîtres de forge aux vignerons libres-échangistes ? Nous sommes protectionnistes, parce que nous ne pouvons pas, comme vous, lutter avec avantage sur les marchés étrangers.

Sur la *question des machines,* alors que l'école

libérale exalte les résultats merveilleux des inventions modernes, l'école critique ne s'arrête qu'aux inconvénients.

On n'en finirait pas si l'on voulait, rien que sur les questions générales de l'économie, noter le pour et le contre.

La conclusion, c'est que la direction des affaires publiques ne doit être confiée qu'à des hommes prudents, disposés à ménager tous les intérêts, en un mot, à des hommes d'état, et non à des hommes de parti.

X

Je lis, dans un des derniers écrits de M. Veuillot, que c'est en vain que l'on cherche un remède à la maladie qui nous menace de mort, et que l'heure du salut n'a pas encore sonné.

Cependant, c'est déjà beaucoup que de s'apercevoir qu'on est sérieusement malade ; on est bien près de trouver le remède quand on le cherche.

Mais ce qui importe avant tout, c'est de caractériser le mal.

Ayons le courage de le reconnaître, notre éducation, presque exclusivement théâtrale, a fait naître en nous des goûts dramatiques, qui composent presque uniquement la morale en action du jour. Autrefois, et dans l'âge mûr seulement, on allait au théâtre pour se délasser ou pour réformer ses mœurs ; aujourd'hui, on y conduit les siens, dès l'âge le plus tendre, dans l'intention d'y trouver des émotions, sur l'effet desquelles on ne cherche qu'à s'éblouir. La question n'est pas de savoir si un sujet est vrai ou faux, exemplaire ou scandaleux ; est-il saisissant, l'ouvrage mérite les suffrages, on y court. Tout s'en ressent ; les mariages ressemblent le plus souvent au dénoûment d'une comédie, quand les unions ne sont pas simplement des quasi-contrats ; aussi l'existence actuelle ne peut-elle être mieux comparée qu'aux temps des giboulées, où il n'y a que des intervalles de sérénité.

Quant à la vie politique, elle est entièrement calquée sur la sauvagerie de certaines scènes historiques, que la civilisation semblait avoir à jamais proscrites.

Ne venons-nous pas d'assister, comme quelqu'un l'a dit, à une seconde représentation des anabaptistes du *Prophète*, qui, forcés de s'avouer vaincus, mettent le feu à la ville dont ils se déclaraient les représentants ? — Les anabaptistes sont bien, en effet, les ancêtres politiques et sociaux des sectaires modernes, qui, comme leurs prédécesseurs, s'aventurent dans la voie de la destruction, sans chercher d'autre appui pour refaire la société que le conseil de leurs calculs personnels. C'est toujours le même spectacle ; la foule suit des chefs, jusqu'à ce que ces chefs se soient perdus les uns les autres. Comment peut-il en être autrement, tant que la source de toutes ces extravagances ne sera pas tirée au clair? Par cela seul qu'on a une imagination exaltée, on se croit prophète, et on a la prétention de dicter des lois au monde, sans se douter qu'en se détachant du passé, on s'est détaché par cela même de l'avenir, et rendu incapable de tout.

En attendant, nous vivons dans un milieu de décomposition analogue à celui des derniers temps de Rome, et nous en supportons les conséquences. Les ambitieux ont rendu le devoir si douteux, que, communément, on le méconnait.

Les mœurs avilies se corrompent de plus en plus, et l'opinion publique elle-même, subissant leur influence, s'amollit et laisse son ressort se détendre.

Il est de mode de ne reconnaître plus que le respect dû aux opinions individuelles, par suite d'une espèce de solidarité sous entendue entre tous les citoyens, qui fait que chacun se sentirait comme blessé par l'humiliation d'un seul. Cependant, qu'une opinion mûrie, et devenue commune, soit la reine du monde, on le comprend; mais que la mode puisse être cette souveraine, si absurde qu'elle soit, c'est à n'y pas croire, et cela est. Voyez s'il n'est pas convenu que les bras ne sont plus faits pour obéir à la tête. Qu'on nous dise donc comment la tête pourra agir après cela.

Si nos pères respectaient à l'excès l'autorité, nous ne sacrifions plus qu'à l'indépendance.

Veut-on que l'esprit des temps modernes exige plus d'égards qu'on n'en avait jadis pour la dignité personnelle, est-ce une raison pour qu'à l'empire du gothique on substitue celui de la licence ou du ridicule?

L'antiquité n'hésitait pas à condamner le célibat comme le père de tous les vices ; les censeurs étaient chargés de veiller à ce qu'il disparût, en souvenir de Platon, qui fermait impitoyablement les portes de sa république idéale aux célibataires.

En effet, pourquoi les célibataires, qui ne rendent aucun service à l'Etat, ont-ils droit de cité aux mêmes conditions que les citoyens utiles, pourquoi ne seraient-ils pas plus chargés d'impôts que les autres? Je sais bien que cette proposition prête à la plaisanterie, et que les égoïstes ont beau jeu pour mettre les rieurs de leur côté ; mais il serait moins facile de répondre.

Il fut un temps où l'on mettait son honneur à briller par ses qualités chevaleresques aux yeux de la femme, qu'on jugeait digne des hommages d'un galant homme ; aujourd'hui les femmes à la mode triomphent, parce qu'on peut les traiter cavalièrement. Aussi se vengent-elles en ne demandant à leurs familiers que d'être d'agréable compagnie. Malheureusement que d'épouses, oubliant qu'elles sont les gardiennes des mœurs pour ne se préoccuper que de lutter de séduction avec leurs rivales, prennent modèle sur la manière d'être de ces dernières, comme si elles ne se dégradaient pas ainsi à leur tour !

Autrefois il était permis aux pères de déshériter leurs enfants ; on ne pouvait se soustraire à l'autorité paternelle, à quelque âge ou à quelque dignité qu'on fût parvenu. De nos jours, on est libre à 21 ans de voter contre son père. Et il est d'usage que les pères soient obligés de faire ce que veulent les enfants.

Admettons volontiers qu'il soit définitivement banni le bâton, dont il paraît que certains gouvernements ont eu à se louer ; mais, a-t-il deux moyens le chef de troupe, décidé à tenir son monde dans sa main ; et n'est-il pas d'autant plus prisé qu'il sait obtenir une discipline, dont ceux qui y sont soumis comprennent les premiers la vertu ?

Un maître écrivain, M. de La Guéronnière, dans une notice nécrologique qu'il vient de consacrer à l'amiral Bouët-Willaumez, n'a trouvé rien de mieux, avec raison, pour rehausser le prestige que lui avaient valu ses mérites, que de dépeindre le *mélange de sa bienveillance et de son inflexibilité, de sa bonté paternelle et de sa vigilance rigide.*

Mais, de même que les pères de famille, comme tous les chefs, ont droit au respect, ils ont des devoirs qu'ils ne doivent pas méconnaître, et que la société a la mission de leur rappeler au besoin. C'est ainsi que la proposition de M. de Lacretelle, relative à l'instruction primaire obligatoire, frappe juste en infligeant des peines morales à ceux qui, ayant la surveillance de l'enfance, se montrent négligents : une réprimande publique pour la première fois, l'affiche du nom devant la porte de la mairie en cas de récidive, l'interdiction des droits civils s'il y a résistance systématique.

Un gouvernement qui connaît sa force n'a qu'à vouloir pour encourager ce réveil moral, et prendre une grande influence sur l'éducation publique ; il lui suffira de veiller à la propagation de son enseignement, et surtout à l'observation rigoureuse de la loi. Ce sont là les moyens non moins nécessaires qu'efficaces de rétablir l'ordre social.

Car, enfin, où en sommes-nous ? Nous n'avons plus d'autre religion qu'une raison fière d'être la fille de la matière ; et notre philosophie n'est plus que l'art d'imaginer des systèmes qui s'écartent des règles communes.

Le premier venu se lève un beau matin avec la prétention d'être cru sur parole, et, s'annonçant pour infaillible, n'a nulle peine à imposer à la foule, grâce à son audace. Forçons-nous le tableau ; et, sans qu'il soit besoin de mettre le nom sur telle ou figure, ne reconnait-on pas celui-ci ou celui-là ? — Quelle satire on pourrait faire ! mais elle ne convertirait personne, hélas ! Nous sommes ainsi faits, que l'expérience seule, quand nous l'avons chèrement acquise, nous persuade.

—————

XI

On dit qu'on a les qualités de ses défauts ; à ce compte, pourquoi notre instinct de sociabilité ne reprendrait-il pas le dessus au galop ? Et alors on fera justice une fois pour toutes de ces systèmes, qui, en voulant transformer la société en une collection d'individus grouillant pêle-mêle dans leur prétendue indépendance, rompent les liens qui nous attachent aux devoirs, pour lâcher la bride aux caprices et aux passions. On s'apercevra qu'en demandant la suppression de l'inégalité des fortunes, on tarit le travail dans sa source, puisqu'on ferait disparaître la faculté d'acquérir et de conserver. On veut que la terre appartienne à celui qui la cultive ; autant demander que la maison appartienne au maçon qui la bâtit. Pour être logique, il faudrait partager cette maison entre les divers ouvriers qui ont coopéré à sa construction, de même qu'il faudrait que tous ceux qui ont aidé à défricher le sol fussent admis à en manger par égales portions les produits. Ce n'est pas tout ; ferait-on que notre appétit soit égal ; que notre force, notre activité, notre intelligence soient égales ?

L'ennemi, c'est le riche, dit celui qui ne l'est pas et ne se sent pas capable de conquérir la richesse, qui, d'ailleurs, comme toute chose, est relative. Mais que dit l'ouvrier probe, intelligent, économe ? « Laissez-moi la tranquillité que me donne la fierté du travailleur libre, que viennent troubler toutes ces offres inintelligibles qui se résument dans le chômage ou le pillage. » De son côté, le paysan dira avec ce gros bon sens, qu'on trouve trop primitif, mais qui résume en réalité le sentiment d'honneur inaltérable qui réside dans les profondeurs du peuple : « Que me veut-on avec ces casernes de travailleurs où l'on voudrait me parquer ; j'aime mieux mon humble métairie à moi qu'une prétendue opulence à tout le monde ; si je suis pauvre aujourd'hui, mon fils peut être riche demain ; qu'on me laisse cette espérance ; je suis content tant que Dieu me conserve la santé et que son soleil me favorise. »

On répète à satiété que le droit est dans le nombre, et que la révolution sociale a pour elle les gros bataillons, quand il est visible

que cela est faux de tous points. Car, non-
seulement des bras sans idées sont des forces
sans équilibre, mais il ne faut pas toujours parler
du nombre ; cela pouvait être vrai, il y a un siècle, alors qu'on ne comptait que 6 millions de
propriétaires, mais aujourd'hui il y en a quatre
ou cinq fois plus. Voyez ce qui reste de prolétai-
res. Est-ce à dire qu'on ne doive pas s'en préoccuper ? Loin de nous cette pensée ; mais nous
croyons que le plus sûr moyen de rendre leur sort
meilleur, c'est de leur donner non la fièvre qui
abat, mais le courage qui relève.

Si la démocratie ne tend qu'à dégrader l'humanité, arrière la démocratie ; si, au contraire,
elle ne vise qu'à élever la masse au niveau d'une
civilisation spiritualiste, honneur à elle ! N'est-ce
pas la Providence, d'ailleurs, qui a voulu qu'il y
eût une inégalité de conditions, pour éprouver
les cœurs, et de ceux pour lesquels l'assistance
est un devoir, et de ceux qui leur sont redevables
de l'amélioration de leur sort : ne change-t-elle
pas, du reste, assez souvent les rôles, et le bonheur
est-il toujours le lot des riches, à part le changement de mains des fortunes ? S'il y avait une
guerre civile excusable, ce serait celle qu'on dé-
clarerait à l'égoïsme des uns et à l'envie des autres. C'est affaire de temps réguliers. On ne les
laisse déjà pas si tranquilles qu'on veut bien le
dire, les méchants et les intrigants, qui par-

viennent à cotoyer la juridiction criminelle ; et il n'y a pas urgence, que je sache, à revenir à la censure romaine.

L'arbitraire qui présidait à l'exercice de cet immense pouvoir, ne l'oublions pas, était tel qu'on s'étonne que le peuple romain, si jaloux de sa liberté, ait supporté aussi longtemps ce despotisme. Ouvrez Tite-Live, vous y verrez que Livius Salinator, ayant été nommé censeur, malgré les condamnations qui l'avaient frappé, priva 34 tribus sur 35 des priviléges municipaux, sous prétexte qu'elles avaient prévariqué, soit en le condamnant, soit en le nommant censeur après l'avoir condamné.

Le retour à un pareil régime n'est pas si désirable qu'il y ait lieu d'investir des juges particuliers de cette mission, réservée à l'opinion publique, de faire la part de la considération qui revient à chacun. Laissons l'ordre s'établir, et nous verrons la distribution du blâme comme de l'estime prendre un ensemble et une netteté de nature à réaliser toutes les idées de justice.

XII

Je terminais cette étude, lorsqu'un ami a cru devoir appeler mon attention sur un article de

M. Albert Duruy, qui vient de paraître dans *la Liberté,* comme résumant, me dit-il, la morale du patriotisme. J'en transcris le passage le plus saillant :

« Si j'avais l'honneur d'approcher M. le ministre de l'instruction publique, je lui conseillerais de demander à tous les inspecteurs primaires des départements envahis un rapport sommaire sur toutes les exactions, déprédations, incendies, meurtres, etc., commis par les Allemands, et je mettrais ces documents, avec les preuves à l'appui, à la disposition d'un homme de bonne volonté, qui les classerait et qui en tirerait, à l'usage des écoles primaires, un livre qui serait comme le catéchisme de la revanche.

» On professe publiquement dans les universités allemandes et dans tous les établissements d'enseignement public, la haine de la France. Chez nous rien de semblable ; on entretient les enfants dans l'ignorance complète des choses de leur pays — l'histoire sainte et le catéchisme, on ne sort pas de là, — et voici même qu'on parle de supprimer dans nos lycées l'enseignement de l'histoire contemporaine ; tout récemment M. Jules Simon a écrit, à ce sujet, une circulaire confidentielle à ses recteurs. Je ne sais, mais il me semble qu'il y avait autre chose à faire, si nous voulons un jour nous relever, que de laisser s'affaiblir, parmi les jeunes générations, les sentiments de haine, les désirs de vengeance, que les nations qui veulent rester grandes et libres ont toujours soigneusement entretenus parmi les jeunes gens.

» Vous le voyez, je ne suis pas de l'école de ceux qui veulent la revanche par les idées. Où nous ont menés les théories de l'Internationale sur la fraternité des peuples, et les beaux discours de MM. Jules Favre et Jules Simon sur la suppression des armées permanentes. Hélas ! nous savons tous cette histoire, elle est d'hier ; tâchons de ne la point oublier ; tâchons surtout de l'apprendre à nos enfants pour qu'ils ne se laissent pas un jour prendre, comme nous, aux déclamations des rhéteurs à venir. »

Entendons-nous ; si sensible qu'on soit aux tortures physiques et morales qui ont été infligées à notre pays, on ne saurait réclamer pour des enfants cette éducation destructive de toute civilisation , que les Spartiates, dans leur temps , pouvaient être pardonnables de diriger de manière à rester une race à part, et comme étrangère au reste de l'humanité. Pour remédier à un mal, ne retombons pas dans un autre; si ce fut l'erreur de la bourgeoisie de ne former que des rhéteurs, ce fut, il faut l'avouer, l'erreur de l'aristocratie du moyen-âge de ne dresser que des hommes d'armes.

L'action, l'énergie, la virilité, qui doivent toujours subsister dans tout homme qui veut conserver sa valeur , méritent qu'on les entretienne ; je suis, à cet égard, de l'avis de M. A. Duruy ; mais prenons garde de tourner toutes les facultés vers la vie militaire comme vers le but unique. Souvenons-nous que, dans la patrie de Descartes, c'est dans l'absolue raison, qui explique tout, que se trouvent les raisons des choses. Qu'on dise que le temps est venu, pour qui aime son pays, de réfléchir, et de faire une application bien entendue de ce qu'il y a chez nous de bonnes tendances, afin que notre race se relève, si nous ne voulons pas rester sous la menace d'une ruine prochaine, je le comprends; mais faire cause commune avec ceux qui en appellent au matérialisme, quand la société, organisée en vue de consolider la souveraineté du droit, a besoin d'être basée sur une éducation spiritualiste, c'est faire acte d'impiété au premier chef.

Ce n'est pas une raison, parce que nos voisins se sont conduits comme des sauvages, et nous ont rançonné comme l'auraient fait de vils juifs, pour que nous n'ayons plus d'autre ambition que de leur disputer le triste privilége de leur barbarie! Que tout bon patriote ne perde pas de vue la réparation légitime des brèches, qu'une cruauté inouie nous a causées, c'est bien ; et cette réparation arrivera, parce que Dieu veut que tout se paie en ce monde ; mais le jour où nous redeviendrons les forts, il nous appartiendra de montrer que nous sommes vraiment dignes de la supériorité qu'on a voulu nous enlever.

Souhaitons vivement, en vue de ce but éminemment souhaitable, que l'enseignement primaire se généralise, bon gré, mal gré, et que les soins les plus vigilants président à cette distribution, rien de mieux ; car l'ignorance nuit à tout : elle décide, approuve, condamne avec une présomption insensée, et la législation sera toujours impuissante envers et contre de pareilles dispositions.

A quoi bon, par exemple, déclarer les hommes égaux, si on ne leur apprend pas à sentir leur dignité ; qu'importe que tout le monde puisse aspirer à toutes les positions sociales, si l'incapacité les interdit aux trois quarts de la population ; la loi elle-même est-elle l'expression de la volonté générale, si la masse ne la comprend pas ?

Jusqu'à ce que la grande majorité des citoyens soit en état d'émettre son vœu en connaissance de cause, la liberté elle-même ne sera pas autre chose qu'un droit de changement arbitraire. Les élections l'attestent. Le petit nombre des voix qui émanent d'un jugement sain est effrayant, dans les villes surtout, où, même en faisant abstraction du scrutin de liste, on vote le plus souvent au hasard, quand on n'obéit pas à un mot d'ordre.

Les avantages de la civilisation ne produiraient donc évidemment que la corruption, si l'on ne veillait pas à la communication des lumières qui ont aidé l'homme à s'élever. Comment l'enfant, faible et sans raison, qu'on conduit par la main jusqu'à son émancipation, s'habituerait-il à juger l'autorité sociale, avec laquelle il aura à compter comme citoyen, si le père de famille, qui la représente à ses yeux pendant ses premières années, manque à son principal devoir, en le privant d'éducation ?

Ce n'est pas d'aujourd'hui qu'on sait que c'est

par l'éducation qu'on prépare des citoyens à l'E-
tat. Les Lacédémoniens le comprenaient bien,
lorsqu'ils proposaient à leurs vainqueurs, qui leur
demandaient des enfants pour ôtages, de leur donner des hommes faits, afin qu'une éducation
étrangère n'introduisît pas parmi eux la corruption. Et Philopœmen, comme le fait remarquer
Plutarque, comprit de son côté que, pour les ré-
duire, il y avait lieu de changer leur manière
d'élever leurs enfants, sachant bien que, sans
cela, ce peuple aurait toujours l'âme grande et
le cœur haut.

Et l'éducation n'est pas seulement la propagation de la prétendue science; non; car il y a des
gens qui ne savent ni bien lire, ni bien écrire,
et qui savent douter et apprécier leur impuissance; or, c'est là une science très-estimable.

D'autre part, il faut reconnaître qu'il y avait
beaucoup de savants véritables, quand les livres
étaient rares, et que ce sont les savants qui sont
devenus rares depuis que les livres abondent. En
revanche, le nombre de ceux qui font de mauvaises études, ou n'apprennent qu'à dédaigner la
profession de leurs pères, s'est considérablement
accru. Comment s'en étonnerait-on, lorsque les
pères, loin de maintenir le respect en tenant
bien leur place, ne cessent de se montrer mé-
contents de leur sort. Ecoutez ce que celui qui
écrit ces lignes entendait dire récemment à un

enfant par son père, travailleur de la campagne :
« Apprends bien, ou tu seras obligé de travailler
la terre aussi toi. » — N'aurait-il pas mieux valu
lui dire : « Profite des leçons qu'on te donne, et
que je n'ai pas reçues, si tu veux cultiver la terre
comme il faut, et éviter autant que possible les
maux que l'on doit le plus souvent à l'ignorance. »

Si l'agriculture, le premier des arts, en est ar-
rivée à n'être pour la plupart qu'un pis-aller, à qui
la faute ?

Elle en est bien un peu, disons-le, à l'enseignement, qui dédaigne de démontrer la vie
commune de l'homme, et celle des plantes ou
des animaux qui servent à nos besoins, les principes et les pratiques de l'arpentage, la nature
des terrains, et leurs productions diverses, etc.
Quoi de plus urgent cependant que d'habituer
chacun à ces travaux de tout genre, que les
hommes de condition ordinaire peuvent avoir
à faire, de manière à ce qu'on puisse se suf-
fire dans toutes les situations, à l'instar des pion-
niers américains, qui nous offrent, dans les
Etats-Unis, l'exemple de la puissance à laquelle
peut parvenir un peuple solidement façonné.

Tout est là ; les nations les mieux équilibrées
auront toujours l'avantage ; elles domineront par
leur industrie, elles triompheront par les armes ;
leurs opérations publiques et particulières étant

mieux concertées, la discipline leur sera plus naturelle.

C'est parce que les livres élémentaires de l'Angleterre et de l'Allemagne ont toujours été préférables à ceux de la France, qu'un Anglais et un Allemand sont mieux instruits qu'un Français; et cependant la nation française sera tout ce qu'elle voudra, elle n'a rien à prouver à cet égard; sa tête dépassera toujours celle des autres. Mais c'est le vulgaire qui gît abandonné.

Que l'art des gouvernants consiste à rendre chaque citoyen assez heureux dans son état, pour qu'il ne soit pas tenté d'en sortir, et l'on verra moins de déclassés disposés à troubler la masse par leur délire épidémique.

Voilà bien pour l'enseignement primaire; mais que pensez-vous de cette idée réactionnaire, me dira-t-on, de sevrer l'enseignement secondaire d'un cours d'histoire contemporaine? J'estime que l'histoire ne s'écrit pas du jour au lendemain, que les récits contemporains, consignés à la hâte sur des feuilles volantes, ont besoin d'être collationnés avant d'être reliés en un volume entier, de même que le résultat d'une année ne peut être apprécié que lorsque les diverses saisons, s'étant succédé, permettent d'en compléter le compte-rendu. Je crois qu'il y a plus d'inconvénients que d'avantages à professer une histoire dont le dernier mot n'est pas dit, et dont les appréciations ne peuvent pas ne pas se ressentir du flux et du reflux de la politique.

Mais laissons cette digression, pour revenir au véritable objet de ce dernier mot, qui n'était autre que de protester contre le conseil qui prescrirait la loi du talion.

Qu'on ne laisse pas s'amollir la fibre patriotique de nos enfants, à la bonne heure; mais ne leur faisons pas oublier que la force vraie a une vertu qui lui est propre, et sans laquelle elle n'est pas complète; je veux parler de la grandeur d'âme, qui est comme l'éclat héréditaire de l'armée française. Ne visons donc, en préparant une nécessaire revanche, qu'à donner, le moment venu, à nos scandaleux vainqueurs, une leçon qui, en les couvrant de honte, les fasse réfléchir sur ce qui leur manque pour constituer jamais un grand peuple, et nous serons vengés.

Loin de croire à la nécessité d'un ajournement des questions sociales, en l'état, soyons persuadés que leur étude consciencieuse sera notre plus grande chance de résurrection. C'est surtout par les idées que nous aurons l'honneur de prendre notre revanche, n'en doutons pas, le jour où il nous sera permis de la demander par les armes à l'autocratie de la Prusse. On peut interroger les soldats allemands, me disait quelqu'un qui les a étudiés à fond, et l'immense majorité répondra que, lancés sur la France pour la déchirer et l'absorber, ils emportent de nos institutions, si profondément empreintes du triple caractère de liberté, d'égalité et de solidarité, un souvenir qui n'aspire qu'à se traduire en imitation. Nos vainqueurs sont donc à moitié vaincus; et il appartient à notre pays, en se montrant la vraie patrie de la civilisation, de remporter enfin une de ces victoires, seules enviables, qui ne laissent après elles aucun ressentiment sous la cendre.

Périgueux. — Impr. Dupont et C⁰. — Octobre 71.

TABLE.